NOTICE HISTORIQUE

SUR

LA SOCIÉTÉ ACADÉMIQUE

DES

ENFANTS D'APOLLON

PAR

A.-H. LEMONNIER

MEMBRE DE CETTE SOCIÉTÉ

PARIS

IMPRIMERIE FÉLIX MALTESTE ET Cⁱᵉ,

RUE DES DEUX-PORTES-SAINT-SAUVEUR, 22.

1860

NOTICE HISTORIQUE

SUR

LA SOCIÉTÉ ACADÉMIQUE

DES

ENFANTS D'APOLLON

PAR

A.-H. LEMONNIER

MEMBRE DE CETTE SOCIÉTÉ

PARIS

IMPRIMERIE FÉLIX MALTESTE ET Cⁱᵉ,

RUE DES DEUX PORTES-SAINT-SAUVEUR, 22.

—

1860

Imprimé aux frais de la Société, par souscriptions
volontaires de ses Membres.

NOTICE HISTORIQUE

SUR LA

SOCIÉTÉ ACADÉMIQUE

DES

ENFANTS D'APOLLON

La Société académique des Enfants d'Apollon fut fondée en 1741. Vous , Messieurs et chers confrères , à qui je dédie le résumé de mes recherches à travers le passé de notre institution, tous vous avez constamment présente à la mémoire une date dont nos jetons, d'ailleurs, gardent l'empreinte ineffaçable. Il serait donc superflu de l'inscrire ici de nouveau, si je ne savais que vous aimez à la voir reproduite , comme constatant de plus en plus en votre faveur un droit sanctionné par le temps. Il y aurait une bien autre utilité à vous signaler par leurs noms, dès le début de cette notice, les fondateurs, malheureusement inconnus , de notre corporation artistique et littéraire. Ce qui reste seulement avéré à son égard, faute de renseignements concernant les hommes qui en conçurent la pensée originaire, c'est qu'elle est la première de ce genre que Paris ait vue se former en dehors des Académies royales. A vrai dire, la Société du *Caveau*, plusieurs fois dissoute et reconstituée, date de 1737 ; mais, voué exclusivement à la poésie légère, et en particulier à la chanson , le Caveau ne se proposa jamais un but sérieux. En ce qui nous touche, il est devenu fatalement impossible de remonter, autrement que par un très petit nombre de faits primitifs, jusqu'à l'origine de notre association. Sans aucun doute, les déplorables événements dont fut suivie la révolution de 1789 ne contribuèrent pas peu à jeter le désordre dans nos annales. En effet, l'orage des passions d'alors n'épargna pas même les paisibles Enfants d'Apollon ; son souffle impétueux dispersa, détruisit presque tous les feuillets de leurs archives antérieures à cette désastreuse époque ; le temps, non moins inflexible, nous a également enlevé un à un ceux de nos vieillards qui pouvaient nous transmettre le fil des traditions, et force nous est de renoncer à acquérir des notions étendues quant au commencement de notre Société dans la longue carrière qu'elle a fournie.

Là ne se bornent pas nos regrets ; nous avons fait d'autres pertes sensibles. Un registre contenant les procès-verbaux des séances depuis 1824 jusqu'à 1830, a disparu, on ne sait comment. N'est-il qu'égaré ? on ose à peine en conserver l'espérance, et il faut probablement se résoudre à une privation irrémédiable.

Malgré ces disgrâces multipliées, dont je partage vivement l'affliction, et précisément à cause de la peine que j'en éprouve, j'ai voulu essayer si, aidé des faibles documents qui ont survécu, légères feuilles volantes qu'un nouvel accident pourrait nous ravir, il y aurait moyen, non pas de recomposer notre histoire, mais d'en restituer quelques phases. Des jalons épars çà et là m'ont mis sur la voie ; j'ai cru apercevoir que mon entreprise ne serait pas tout à fait chimérique, et je viens aujourd'hui, Messieurs, vous en offrir le résultat, en vous priant d'agréer, faute de mieux, cet insuffisant tribut de mes efforts.

La réception de Saint Suire, en 1742, est l'acte le plus ancien qu'il soit possible de saisir dans l'obscurité de notre passé. Ce fait résulte d'une liste sauvée de la destruction. Saint Suire, musicien-basson, présida la société en 1747. La même liste mentionne trois autres musiciens, Diss, reçu en 1745 ; Bitsch, en 1764 ; Guénin père, en 1766. Bitsch, professeur de clarinette, et le premier qui importa cet instrument en France, mourut presque nonagénaire en **1824**. Notre regretté confrère, le peintre paysagiste Hippolyte Vanderburch, et son frère Émile, étaient les neveux de Bitsch. Je tiens d'eux, qui le tenaient de leur oncle, que celui-ci introduisit **J. J. Rousseau** à une séance des Enfants d'Apollon. La Société, en cette occasion, dérogeait à son règlement d'alors, contenant la disposition que voici :

« Aucun membre, sous quelque prétexte que ce soit, ne
» pourra amener un étranger aux assemblées. » (Titre VI, art 3),

A supposer exact l'incident dont il s'agit, l'auteur du *Devin de Village*, en faveur de qui on suspendait cette fois un article si formel, était certes bien digne de l'exception.

Violoniste à bon droit renommé en son temps, Guénin, nommé ci-dessus, et que plusieurs d'entre nous se rappellent, devint plus tard doyen de la Société comme l'avait été Bitsch, et comme Bitsch, il mourut à l'âge très avancé de quatre-vingt-dix ans, en **1835**. Ne dirait-on pas que le décanat porte bonheur à nos vieillards ?

En suivant à tâtons l'ordre chronologique, je trouve le fauteuil de la présidence occupé en **1778** par le célèbre organiste Séjan, digne émule de Balbâtre sur le plus puissant des instruments ; je rencontre pour présidents, en **1782**, Guénin précité, et en **1785**, le compositeur Davaux. Celui-ci passe pour avoir été le premier qui intercala le rondeau dans la symphonie concertante ; pour cette cause ses contemporains l'appelaient *le père aux rondeaux;* il mourut en **1822**.

Tout à l'heure, mes chers confrères, je relatais d'anciens statuts; il en survit, en effet, un exemplaire, un seul, à demi consommé par l'usure des années. Sa date est de **1786**. On y remarque, entre autres dispositions tombées en désuétude, que :

« La Société se composait de cent membres, dont cinquante
» professeurs musiciens, et cinquante amateurs, choisis parmi
» les autres artistes, les gens de lettres et les savants (titre II,
» art. 6); que le chef — ainsi s'appelait le Président — était
» pris alternativement parmi les plus anciens professeurs et les
» plus anciens amateurs (titre III, art. 1); que le secrétaire

» principal cumulait avec ses fonctions celles de trésorier (titre
» IV, art. 6 ; qu'il y avait, pour la musique, un surintendant,
» deux intendants, un ou deux contrôleurs, un ou deux inspec-
» teurs du concert (titre III, art. 4) : enfin qu'on élisait pour les
» dîners deux maîtres d'hôtel et deux échansons (*ibid. ibid.*) »

Or les maîtres d'hôtel devaient — ceci est textuel — « veiller
» à ce que la table des sociétaires fût chargée de mets sains, bien
» choisis et proprement servis (titre IV, art. 14); les échansons
» suppléaient les maîtres d'hôtel en cas d'absence, et ils étaient
» particulièrement chargés de porter les santés dans les repas.
» (*ibid.* art. 15). »

Les concerts solennels devaient se donner dans le courant du
mois de mai. C'était le soir, et un souper venait ensuite, selon la
coutume de ce temps là. Deux articles (10 et 13) du règlement
spécial relatif aux concerts, prévoyaient, parmi les frais, ceux
d'illumination de la salle, et ils traitaient de quelques détails
concernant le repas de la soirée qui réunissait les frères. Les
frères, telle était l'appellation des membres entre eux.

Dans tout cela, Messieurs, rien qui précise le jour destiné au
grand concert ; pas un mot non plus de discours à prononcer
avant ou au milieu de la musique ; d'où il faut induire que notre
solennité de l'Ascension et notre harangue au public ne sont pas
pour nous d'usage anciennement traditionnel, mais des prati-
ques établies par nos statuts plus modernes.

Parmi les documents si peu nombreux échappés à la ruine de
nos archives, il en est quatre fort intéressants. Ce sont les programmes imprimés des concerts des années 1785, 1787, 1788 et
1789. Deux particularités se rattachent en outre à l'année 1787 :
l'une est relative à la présidence, occupée alors par l'habile
Moreau le jeune, graveur et dessinateur du cabinet du roi ; l'autre
concerne le secrétariat dont Sollier exerçait les fonctions, cumu-
lativement avec celles de trésorier. Sollier, si je ne me trompe,
occupait un emploi dans l'administration des finances. De l'année 1786, nous possédons pour reliquat des couplets imprimés
avec la musique : c'est une brochure intitulée *Chanson pour
la fête des Enfants d'Apollon ;* elle est sans nom d'auteur pour

les paroles et pour la musique : il se pourrait — ceci est une simple conjecture — que les paroles fussent de Laujon ; au moins ne me paraissent-elles pas indignes du spirituel chansonnier que ses contemporains avaient surnommé l'*Anacréon français*.

J'appelle un moment votre attention, Messieurs et chers confrères, sur l'un des quatre programmes que je viens de mentionner. Ce sera celui du concert donné en 1785 ; il est digne d'un examen spécial, en ce qu'il jette quelque jour sur la primitive organisation de notre société. A ce titre je crois devoir le relater ici *in extenso* :

CONCERT

Du Jeudi 9 Juin 1785.

1º Une *Ouverture* de M. GUÉNIN.

2º *Achille, seul dans sa tente, après sa retraite de l'armée des Grecs*, scène lyrique, mise en musique par M. DESHAYES et chantée par M. AUBERT.

3º *Symphonie concertante* de M. ABEL, pour Hautbois, Violon et Violoncelle, exécutée par MM. GUÉRILLOT, SALLENTIN et GERVAIS.

4º *Ariette du Faux Lord*, chantée par Mᶫᶫᵉ MÉLIANCOUR.

5º *Concerto de Cor de chasse*, composé et exécuté par M. PUNTO.

6º *Apollon chez Admète*, scène mise en musique par M. MÉREAUX, et chantée par M. GUICHARD.

7º *Symphonie concertante*, de M. DAVAUX, pour deux violons principaux, exécutée par MM. GUÉRILLOT et GERVAIS.

8º *Final pour la fête des Enfants d'Apollon*, paroles et musique de M. FRAMERY, chanté par Mᶫᶫᵉ MÉLIANCOUR, MM. LEGROS, LARUETTE, GUICHARD, AUBERT et LEJEUNE. »

A la suite de ce programme, on trouve la note que voici :

« Tous les morceaux de ce concert, à l'exception de l'Ariette du *Faux Lord*, sont nouveaux, et de la composition de Membres de la Société.

Ce Programme, présenté comme spécimen, et les trois autres que j'omets, afin de ménager les instants, sont tous datés d'un jeudi : jeudi 9 juin 1785 ; jeudi 24 mai 1787 ; jeudi 12 juin 1788 ; jeudi 23 avril 1789 ; ce qui semblerait indiquer que les anciens concerts des Enfants d'Apollon, étaient habituellement donnés un même jour de la semaine ; mais trois des susdits Programmes, datés d'avril et de juin, paraissent démontrer en même temps que la Société n'était pas scrupuleuse quant à l'exécution de l'article 3, titre VII de son règlement, en vertu duquel son Concert public devait avoir lieu dans le courant du mois de mai. Ajoutons que, plus tard, lorsque le mois de mars était réservé à ce concert, par son règlement de 1807 (Titre IV, article 4), elle donnait le 27 novembre son Concert de 1808, le 11 juin celui de 1809, et le 14 juin celui de 1812. C'est qu'il survient parfois des conjonctures impérieuses, auxquelles il devient impossible de se soustraire, et, dans les occasions que je cite, on dut apparemment obéir à des obstacles imprévus. Mieux favorisés par les circonstances, nous avons pu, depuis longtemps, montrer plus d'exactitude, et notre fête de l'Ascension n'a pas éprouvé de remises.

Une remarque plus importante ressort des Programmes que j'ai mentionnés. Dans les Concerts offerts au public par nos devanciers, compositions instrumentales et vocales, exécution et chant, tout était dû, sauf d'assez rares exceptions, aux Membres de la Société. Les statuts mêmes le voulaient (Règlement spécial pour le Concert, article 2). Ainsi en 1785, 1787, 1788 et 1789, on voit que Framery, Moline et l'aimable poète bucolique Léonard, avaient écrit des vers sous forme de *Scènes lyriques*, d'*Héroïdes*, de *Finals*, et que Deshayes, Devienne, Méreaux, Méhul, Berton et Plantade, en avaient composé la musique, laquelle se trouvait interprétée par Legros, Chardini, Laruette, Chenard, Lejeune, Aubert, Guichard et Lebrun ; on y reconnaît que des Ouvertures, des Symphonies et des Concertos, de Punto, de Duport, de Maestrino, de Guénin, de Davaux et de Bertheaume, étaient exécutés par leurs auteurs, avec la participation de Guérillot, Gervais, Levasseur, Hugo et Lefebvre. A l'exécution des Concerts coopéraient aussi, pour les instruments, les deux Sallentin, Destouches, Bréval, Fleury, Vion, Lochon, Cousineau, Chelard, Pollet, Baudron, Champein, Rameau, Francœur, etc., qui tous, compositeurs ou solistes renommés, ne dédaignaient pas de faire partie de l'orchestre. Or, les noms que je cite, étaient ceux de Sociétaires. Ces artistes appelaient-ils à leur aide des externes auxiliaires ? Oui, sans doute quelquefois, et le Règlement du Concert prévoyait le cas (article 7) ; mais il est à présumer que ce recours ne s'exerçait que dans des limites restreintes. D'ailleurs, on ne pensait point alors qu'un orchestre dût être nécessairement composé de soixante ou même de cent musiciens, et la quantité n'y était pas encore jugée une condition indispensable (1). Et qu'on ne rattache pas à mon observation une intention de maligne critique ; je la pose seulement comme un fait. Quoi qu'il en soit, si l'usage des Enfants d'Apollon, de chercher, autant que possible, en eux seuls les ressources de l'art musical, pouvait être sujet à des inconvénients dont il est aisé de se rendre compte, on ne saurait disconvenir qu'il favorisait singulièrement la confraternité, non moins précieuse que le talent.

On croit savoir que nos prédécesseurs avaient une noble coutume bien digne de leur association. Tous les ans, un service funèbre était célébré en mémoire des frères décédés. C'était même quelquefois une messe à orchestre, lorsqu'il s'agissait de rendre hommage à une haute célébrité musicale. La Société en suivit plus tard l'exemple, en 1809, lorsqu'elle perdit son illustre associé-correspondant Haydn. Si l'on consacrait de la sorte un jour à de pieux souvenirs, il y en avait beaucoup d'autres donnés à de moins graves pensées. La confraternité, cette bonne amitié entre artistes, s'épanchait, comme à présent encore, en de joyeux banquets ; mais ces réunions à table étaient plus fréquentes que de nos jours. Chaque séance ordinaire était suivie d'un dîner. Ce repas qu'on appelait la *Goguette*, n'était nullement obliga-

---

(1) Au concert de 1789, les exécutants se trouvèrent au nombre de trente-huit.

toire, il coûtait peu d'ailleurs, car la cotisation n'excédait guère un petit écu (3 francs). Il serait douteux que la *Goguette* fût maintenant satisfaisante à ce prix-là.

Où et quand s'assemblaient les Enfants d'Apollon dans les premiers temps de leur institution ? Où donnaient-ils leurs Concerts publics ? Ce sont là des questions auxquelles il n'est plus guère possible de répondre. Il est seulement connu que la solennité de l'année 1785, fut célébrée en un local appelé le Musée, et que les réunions ordinaires se tenaient le deuxième dimanche de chaque mois, à onze heures du matin (Règlement de 1786, titre VII, art. 1).

Alors, comme à présent, la Société, uniquement préoccupée des intérêts de l'art, s'interdisait toute immixtion dans les affaires publiques. Une seule fois elle y intervint ; ce fut à une époque où il n'était personne qui ne prétendît s'en mêler, c'est-à-dire en 1789, lors de la prise de la Bastille. Les Musiciens de la Société, voulant glorifier cet événement, exécutèrent un *Te Deum*, à la suite duquel le peintre Renou prononça un discours qui fut imprimé, et dont il nous est resté un exemplaire. Ce morceau est intitulé : *La Semaine mémorable, discours prononcé après un Te Deum en musique, dans une assemblée d'Artistes de tous les genres, sous le nom de Société des Enfants d'Apollon.* C'est une brochure in-8º, de l'imprimerie de Prault, Membre de la Société.

Au point où nous voici de cet exposé historique, nécessairement abrégé par la disette de notions certaines, il faut faire une triste halte à la date de 1789. La révolution de cette époque, légitime dans son principe, et si cruellement détournée au profit de passions subversives, la révolution, dis-je, qui détruisit, avec des abus réels, un certain nombre de bonnes institutions, devait exercer sa fatale influence des sommités sociales jusqu'aux positions les plus modestes. Presque inaperçus d'abord dans l'asile où ils s'étaient confinés, les fils adoptifs du Dieu des arts, tout inoffensifs qu'ils étaient, finirent cependant par comprendre qu'il n'y avait plus de sécurité pour eux-mêmes ; et au milieu de la tourmente, ils se virent contraints de dissoudre leur association, après cinquante-deux ans d'existence. Une circulaire, signée par le Chancelier Desforges, montre qu'une séparation préalable, causée par la gravité des événements, faisait présager la complète dissolution qui tarda peu à s'effectuer.

Cette circulaire portant la date de juillet 1793 (thermidor an II), sans indication de jour, avait pour objet de rallier, s'il était possible, ceux des associés que la Terreur tenait alors à l'écart.

Le document dont il s'agit, et dont nous gardons deux exemplaires, est conçu en des termes caractéristiques de l'époque, ce qui le rend curieux. Intempestif qu'il était, il ne produisit nullement le résultat espéré. Aussi la Société fut-elle bientôt réduite au dernier expédient, celui de procéder à la liquidation de ses humbles finances. Elle abandonna, après paiement, le local qu'elle tenait à loyer dans la rue de Thionville, ci-devant Dauphine, et le 15 pluviôse an III, un procès–verbal de vente la séparait de son mobilier adjugé à la modique somme de 652 livres. Le 20 du même mois, elle décidait que les portraits originaux de ses Membres, c'est-à-dire les peintures et les dessins, seraient restitués à ceux de leurs donateurs qui consentiraient à les payer *dix livres*, et ce afin de contribuer à l'extinction des dettes. Finalement, au mois de prairial de la même année, il était résolu que ceux des portraits qui n'auraient pas été réclamés à temps, seraient vendus à huis-clos dans une dernière assemblée, à ceux des Membres qui voudraient y mettre des enchères. Ces mesures d'ultimatum, on le voit, étaient fort insolites, contestables peut-être au point de vue de l'équité; elles étaient passablement révolutionnaires; mais l'époque était bien loin d'être normale; bref, il y avait force majeure et on subissait le joug d'une dure nécessité. Les peintures et les dessins furent donc tant bien que mal vendus; quant aux épreuves des portraits gravés, à la suite d'une distribution qui en fut faite, celles qui restèrent, ainsi que les registres, la correspondance, et généralement tous les papiers, furent confiés au peintre-paysagiste Houël, alors Président, qui en devint dépositaire jusqu'à nouvel ordre. Tous ces arrangements s'effectuèrent entre le mois de pluviôse de la troisième année républicaine, et celui de vendémiaire an IV. Ajoutons que les dettes furent toutes payées intégralement, et que les fils d'Apollon eurent le droit de s'approprier le mot célèbre d'un monarque : *Tout est perdu, fors l'honneur.*

Il y eut en l'an V un essai de reconstitution, constaté par une circulaire de l'ancien secrétaire Sollier, en date du 1er germinal; elle indiquait une réunion préparatoire au Louvre, chez Moreau le jeune qui l'habitait alors; cette tentative demeura infructueuse; elle venait trop tôt.

Douze années s'écoulèrent, durant lesquelles la Société des Enfants d'Apollon ne fut plus qu'un souvenir et un regret. Cependant, lorsque le calme parut définitivement rendu au pays, cinq anciens chefs eurent la joie d'entreprendre avec succès le rétablissement d'une aimable institution trop longtemps délaissée. Il convient, Messieurs et chers confrères, de désigner par leurs noms ces dignes artistes que nous pouvons regarder à juste titre comme ayant été les vrais fondateurs de notre Société renouvelée; ce furent :

Davaux, Musicien-Compositeur;

Guénin, Professeur de Violon;

Moreau le jeune, Graveur et ex-Dessinateur du Cabinet du Roi.

Séjan, Organiste.

Trévilliers, amateur de musique.

Deux conférences préalables se tinrent d'abord chez l'imprimeur Prault et chez le peintre Valencienne; après quoi furent convoqués tous les membres survivants. Voici la liste des vingt-huit qui répondant à l'appel, assistèrent à la réunion préparatoire, le 26 juillet 1806, dans la salle de l'Athénée des Arts, à l'oratoire de la rue Saint-Honoré :

Alliaume.	Bréval.
Aubert.	Caffin.
Baudron.	Cherubini.
Bitsch.	Cousineau.

Desprez.	Moline.
Dumont (François).	Paty.
Gois père.	Plantade.
Guichard.	Prault.
Houël.	Rameau.
Lebrun.	Regnault.
Lemoine.	Renou.
Lemonnier père.	Roze (l'abbé).
Lochon.	Valencienne.
Marco.	Vernet (Carle).

Le 9 août suivant, la Société, sous la présidence continuée de Houël, qui avait été son chef en 1793, s'assemblait dans un local situé rue du Bouloy ; elle statuait que sa prochaine séance, fixée au 16 septembre, serait accompagnée d'un dîner servi à quatre heures ; elle nommait Trévilliers Secrétaire et Trésorier tout à la fois ; elle désignait enfin une Commission de sept Membres, chargée de réviser l'ancien règlement.

Au jour indiqué, 16 septembre 1806, la Société reprit formellement ses travaux qui, depuis lors n'ont subi aucune interruption. Rétablie sur de solides bases, elle tarda peu à reconquérir ses membres retardataires et à s'en adjoindre de nouveaux, recrutés parmi les célébrités plus récentes. La liste des associés, en date du 1er juillet 1808, la montre parvenue au complet, c'est-à-dire au nombre de cent. On l'y voit composée de 48 anciens résidants et de 52 nouveaux. Un semblable début était de bon augure.

Les statuts élaborés par la Commission *ad hoc*, furent imprimés en 1807, réimprimés en 1808. On y remarque des usages qui ne sont plus pratiqués ni praticables ; on y lit des dispositions abrogées ou modifiées plus tard, celle-ci entre autres : « Pour satisfaire aux dépenses de la Société, il est établi une » cotisation annuelle de 30 francs par chacun de ses Membres, » et payable par trimestre. Le droit de réception est de 24 francs » (Titre des Sociétaires, Art. 5). »

Cette contribution de 30 francs fut, dès 1808, élevée à 36, à cause de la plus-value du jeton de présence, et le droit de réception fut aboli.

Ce fut en 1814 que parut l'édition des statuts, tels à peu près que nous les connaissions antérieurement à la révision générale qui vient d'en être faite. Cette édition de 1814 a été suivie de cinq autres, en 1820, 1829, 1837, 1847 et 1860.

Le principal rédacteur du réglement primitif de 1807, fut Feuillet, homme d'un véritable mérite, et trop oublié, qui occupa l'emploi de bibliothécaire en chef de l'Institut, où son érudition était grandement appréciée.

Il fallait que cette petite charte eût été combinée dès lors avec une sagacité remarquable, avec une rare prévoyance, puisque l'on n'eut à y faire, durant un demi-siècle, que des modifications nécessitées soit par le cours des idées en fait d'art, soit par des habitudes produits de régimes nouveaux. Le fond resta le même parce qu'il s'appuyait sur de sages principes. Nous devons, Messieurs, à nos statuts, notre conservation, les tranquilles plaisirs dont nous jouissons, le bien-être qui n'a pas cessé de nous accompagner. S'il a fallu y introduire des changements de date récente, au moins avons-nous procédé à ce travail avec une prudence qui en garantit l'efficacité. Toutefois, et dans l'intérêt commun, tenons-nous désormais en garde contre des innovations qui n'auraient pas été soumises à un mûr examen. Observons, respectons les lois que nous nous sommes faites, et assurons-nous que la mobilité en ce genre entraîne toujours quelque péril.

Établie en 1806, comme il est dit plus haut, dans un local situé rue du Bouloi, la Société y demeura fort peu de temps; elle le quitta pour occuper passagèrement un salon banal de la rue de Grenelle-Saint-Honoré, et le 15 avril 1810, elle s'installait dans une maison de la rue Mandar.

Puisqu'il est question de locaux, que de fois n'en avons-nous pas changé! Nous avons assujetti notre Apollon à une vie bien nomade. Aussi, tout Dieu qu'il est, il porte l'empreinte de cruelles fatigues. Craignons que ses blessures visibles ne semblent donner raison aux novateurs qui le méconnaissent. Que

voulez-vous qu'on pense d'une divinité qui déménage sans cesse ?
D'un Parnasse parisien exposé à tant de vicissitudes ? Onze dé-
ménagements en quarante-quatre années, c'est beaucoup trop de
locomotion (1). Toutefois et en dépit du qu'en dira-t-on, le Parnasse, Messieurs, est partout où vous êtes ; il domine présentement non loin de la butte Montmartre ; bien ou mal, qu'il y
reste, et que des accords harmonieux délassant Apollon, lui fas-
sent oublier nos injures involontaires.

Pardonnez-moi, mes chers Confrères, cette légère boutade :
je me hâte de reprendre un langage plus sérieux, et sans doute
aussi plus convenable.

Le temps actuel, contempteur du passé, regarde comme su-
ranné notre titre d'*Enfants d'Apollon* : « Plus d'allégorie dans
» les arts, nous dit une école nouvelle ; plus de Parnasse ni de
» Muses ; le réalisme est le vrai, il a pour toujours aboli ces
» vaines fictions. » Sans entamer ici une controverse qui nous
attirerait la qualification d'esprits rétrogrades, nous avons à
faire une simple objection : « Nous ne devons, nous ne pouvons
pas répudier notre titre, tout vieilli qu'il paraisse. Il y aurait
ingratitude à abdiquer une dénomination à laquelle tant d'hommes éminents ont donné du prix. Avec elle nous avons la con-
sécration des ans ; sans elle, nous ne serions qu'une institution
moderne, destituée de sanction. C'est une question d'être ou de
n'être plus : *to be, or non to be.* La rénovation qu'on semble
vouloir nous imposer, n'entraînerait-elle pas d'ailleurs pour
nous la perte d'un droit justement acquis, celui de revendiquer
une honorable initiative? En effet, bien des sociétés d'artistes se
sont formées depuis la nôtre ; mais la nôtre fut la première à
tenter l'heureuse fusion des arts et de l'amitié; première de
toutes, elle donna l'utile exemple d'encourager, de protéger les

---

(1) La Société s'est transférée successivement de la rue du Bouloi à la rue de
Grenelle, à la rue Mandar, à la rue Traversière-Saint-Honoré, à la rue des Or-
fèvres, à la rue Taranne, à la rue de Buffault, à la rue Favart, à la rue de Valois,
à la rue de Ménars, à la rue Neuve-de-Breda.

talents modestes qui avaient besoin d'aide pour se produire. Que de telles pensées nous engagent donc à rester fidèles *quand même*, à une croyance longtemps glorieuse; qu'Apollon soit encore à nos yeux le symbole personnifié du génie des arts, et que sa noble effigie, honneur de notre sanctuaire, continue par sa présence de soutenir nos efforts. »

Voici comment s'exprimait le comte de Lacépède dans un discours prononcé par lui, à l'occasion de sa présidence, en 1818 : « L'antique mythologie nommait Apollon le dieu de la lumière; » la philosophie moderne ne lui a rien ôté de son caractère en » l'appelant le génie inspirateur des lettres et des arts. »

Ces paroles applaudies alors comme étant la juste expression d'une idée féconde, ont-elles rien qui doive être maintenant désavoué? Pour nos prédécesseurs Apollon n'était pas, il n'est pas pour nous une idole payenne, mais un principe, et comme le type idéal du beau. C'est bien là ce que nous avons dans la pensée, lorsque nous tournons nos regards vers le dieu qui préside à nos séances.

Cette statue d'Apollon, cette œuvre accomplie du ciseau antique, nous la possédons depuis cinquante années. Un remarquable discours de Bouilly en consacra solennellement l'inauguration le 13 mai 1810.

Le 5 mars de l'année précédente, la Société avait organisé une fête pour la réception de Grétry, de qui nous possédons une lettre à cette occasion dans le précieux volume où sont classés chronologiquement nos principaux autographes (1) On avait disposé dans la salle d'assemblée le buste de l'illustre récipiendaire, et sur le socle étaient écrits ces quatre vers dus à Berton :

> Les fils d'Euterpe au dieu de la lumière
> Dès longtemps pour leur art demandaient un Molière ;
> Apollon est enfin par leur plainte attendri,
> Il vient de le nommer, le voilà, c'est GRÉTRY.

---

(1) Parmi les noms célèbres qui brillent en foule dans cette collection importante, la Société peut citer les suivants avec un légitime orgueil : Auber, Baillot, Berton, Bervic, Brod, Cherubini, Duport, Emmanuel Dupaty, Garat, Gossec,

Guichard, président, et Bouilly, chancelier, prononcèrent deux allocutions chaleureusement applaudies ; un concert entièrement composé de morceaux empruntés à l'auteur de *Richard cœur de lion*, fit suite à ces discours ; puis on alla s'asseoir à un banquet fraternel, où Barilli, de l'*Opéra-buffa*, lut sous le titre de *omaggio italico*, des strophes dans l'idiome toscan, et où Guichard et Richer chantèrent des couplets dont les paroles étaient de Traversier.

C'est à cette circonstance mémorable que nous devons le beau portrait de Grétry, vers lequel se tournent si volontiers nos regards. Ce fut effectivement alors que l'habile Robert-Lefebvre proposa ses pinceaux afin de perpétuer dans un sanctuaire voué aux arts l'image révérée du grand compositeur.

Les fils d'Apollon exprimaient d'une manière non moins digne leur admiration reconnaissante envers Grétry, lorsque, cinq ans après, dans leur séance du **19 mai 1814**, ils consacraient à sa mémoire (1) et distribuaient autour d'eux une médaille gravée par notre honorable confrère, **M. Gatteaux fils**, et sur laquelle Bouilly fit inscrire ce vers heureusement trouvé :

Il sut chanter comme écrivait Molière.

A propos de médaille commémorative, je crois devoir rappeler incidemment celle que la Société fit frapper en **1841**, à la suite d'un concert plus solennel que jamais. Elle eut pour objet de fixer sur le bronze durable le souvenir du centième anniversaire d'une fondation respectable et chérie.

Après cette digression rapide qui, je le présume, ne sera pas jugée inutile, je reprends l'ordre méthodique des temps.

En 1809, 1810 et 1811, les Enfants d'Apollon se montrèrent particulièrement généreux ; chacun de leurs concerts, donnés alors à la salle Olympique, rue de la Victoire, fut suivi, non seu-

---

Grétry, Habeneck, Haydn, Lacépède, Laujon, Martin; Martini, Méhul, Méreaux père, Nourrit, Onslow, Orfila, Paër, Paisiello, Plantade, Ponchard, Raoul Rochette, Regnault, Rode, Romagnesi, Zimmermann.

(1) Grétry mourut en 1813.

lement du banquet d'usage, mais d'un bal où rien ne fut épargné. La journée de 1811 notamment, d'après un compte que je retrouve, coûta environ 1,800 francs. Contente de la fête, et peu satisfaite du chiffre, la Société ne se sentit pas d'humeur à renouveler de pareilles expériences. Elle avait, en ce temps là, des velléités de splendeur; car, vers la même époque, et sur la proposition de Moreau le jeune, elle arrêtait que son jeton de présence serait converti d'argent en or, pour être offert à la cantatrice invitée à faire jouir le public de son talent. Ce fut encore là une libéralité passagère, pour laquelle on avait plus consulté le cœur des associés que la caisse sociale. L'idée, au surplus, était de bon goût, elle avait de la grâce et de la noblesse ; il est regrettable sans contredit qu'on n'ait pu lui donner de la suite.

A dater de 1807, sauf une lacune de 1813 à 1819, une de 1821 et une de 1823, nos archives conservent les programmes des concerts publics jusqu'à 1860 inclusivement. Elles gardent aussi, mais par malheur dans une collection incomplète, les discours imprimés des chanceliers successifs. La perte de deux de ces discours, ceux de 1809 et de 1810, est infiniment regrettable.

La Société, depuis 1806, a compté 14 chanceliers, MM. Bouilly, La Chabeaussière, Vernier, Emmanuel Dupaty, Alex. Belle, Febvé, Lemonnier fils, Coubard d'Aulnay, Chatenet, Auguste Martin, Hippolyte Vanderburch, Tréfeu, Colmet d'Aage et de Queux de Saint-Hilaire. Elle n'a eu, durant ce laps de temps, que six secrétaires-généraux, MM. Trévilliers, la Chabeaussière, Bouilly, Taskin, Hippolyte Vanderburch et Duquère.

Voici présentement la liste générale des chefs ou présidents, à dater de 1806.

Houel, peintre de genre, 1793 et 1806.
Richer, professeur de chant, 1807.
Dumont, (François), peintre en miniature, 1808.
Guichard, professeur de chant, 1809.
Gois père, statuaire, membre de l'Institut, 1810.
Plantade, compositeur de musique, 1811.
Bervic, graveur, membre de l'Institut, 1812.

LEFEBVRE, professeur de violon, 1813.

LEMONNIER père, peintre d'histoire, 1814.

VERNIER, harpiste, première harpe de l'Opéra, 1815.

LAURENT, peintre de genre, 1816.

BAUDRON, chef d'orchestre du Théâtre-Français, 1817.

LACÉPÈDE (le comte de), membre de l'Institut, grand chancelier de la Légion d'honneur, etc., 1818.

IMBAULT, professeur de violon, 1819.

BOUILLY, homme de lettres, 1820.

DUVERNOY, professeur de clarinette, 1821.

NORRY, architecte, membre de la Commission des bâtiments civils, 1822.

MOZIN père, pianiste-compositeur, 1823.

GOIS fils, statuaire, 1824.

RIGEL, professeur de musique et compositeur, 1825.

BERTIN (Jean-Victor), peintre-paysagiste, 1826.

VOGT, professeur de hautbois, 1827.

PLANARD, auteur dramatique, 1828.

LAMBERT, professeur de piano et compositeur, 1829.

WATELET, peintre-paysagiste, 1830.

TASKIN, professeur de piano et compositeur, 1831.

GATTEAUX fils, graveur en médailles et statuaire, membre de l'Institut, 1832.

LAUNER, professeur de violon, 1833.

GUÉNEPIN, architecte, membre de l'Institut, 1834.

ROMAGNÉSI, compositeur, 1835.

DUMONT fils, secrétaire de l'École des Beaux-Arts, 1836.

PÉCHIGNIER, professeur de clarinette, 1837.

DEBEZ père, amateur-peintre, 1838.

SAUVAGEOT, conservateur au Musée du Louvre, 1839.

RAOUL-ROCHETTE, membre et secrétaire perpétuel de l'Académie des Beaux-Arts, etc., 1840.

JACMIN l'aîné, professeur de cor, 1841.

LEMONNIER fils, littérateur, 1842.

PRUMIER, professeur de harpe, 1843.

COUDER, peintre d'histoire, membre de l'Institut, 1844.

. . . . 1845.

DELORME, peintre d'histoire, 1846.

TRIÉBERT, professeur de hautbois, artiste du théâtre Italien et de la Société des Concerts du Conservatoire, 1847.

VANDEN-BERGHE, peintre d'histoire, 1848.

ERMEL, compositeur et professeur de piano, 1849.

DELIGNY, peintre de marines et de genre, 1850.

GOUFFÉ, première contrebasse solo de l'Opéra et de la Société des Concerts du Conservatoire, 1851.

COUBARD-D'AULNAY, homme de lettres, 1852.

NEY (Casimir), professeur de violon, 1853.

MASSON, violoniste-amateur, 1854.

COCHE, professeur de flûte au Conservatoire.

BROCHAND DE VILLIERS, violoniste-amateur, 1856.

CONSUL, compositeur et professeur de musique, 1857.

DESROUSSEAUX, architecte, pianiste et violoncelliste, 1858.

DE CUVILLON, professeur de violon, artiste de la Chapelle Impériale,
1859.

SEVESTRE, magistrat, amateur de musique, 1860.

J'ai une dernière liste à vous soumettre, Messieurs, et j'ai lieu
de croire qu'elle ne vous paraîtra pas moins digne d'intérêt que
les précédentes. C'est celle des cantatrices qui contribuèrent
tour à tour à décorer les fêtes de la Société. Je vous l'offre aussi
exacte et aussi complète qu'il a été possible de la relever :

Mademoiselle MÉLIANCOUR, 1785.

Mademoiselle MAILLARD, 1787.

Mademoiselle VAILLANT, 1787, 1789.

Mademoiselle MULLOT, 1788.

Mademoiselle SAINT-JAMES, 1789.

Madame BARILLI (1), 1807, 1808.

Madame BOULANGER, 1809.

Mademoiselle HYMM, plus tard Madame Albert, 1810, 1811, 1817,
1818, 1819.

Madame BRANCHU, 1812, 1813, 1815.

Madame DURET SAINT-AUBIN, 1814, 1816.

Madame FAY, 1820.

Madame RIGAUD-PALLARD, 1821, 1823.

---

(1) Il n'y eut pas de fête en 1806, la Société étant trop récemment réorganisée
pour se trouver en mesure de donner un concert public cette année là.

Madame DABADYE, 1822.

Mademoiselle CINTI (Cynthie Montalan), plus tard madame Damoreau, 1824, 1825, 1827, 1828, 1830, 1831, 1835.

Madame CASIMIR, 1826.

Mademoiselle RIGAL, 1828.

Mademoiselle MORI, 1829.

Mademoiselle MONCEL, 1830.

Mademoiselle DORUS, plus tard madame Gras, 1832, 1833, 1834, 1836, 1837.

Mademoiselle HIRN, 1836.

Mademoiselle d'HENNIN, plus tard madame Iweins, 1837, 1844.

Mademoiselle GEBAUER, 1838.

Madame DELIGNY, 1839.

Mademoiselle CAPDEVILLE, 1840.

Madame ROSSI-CACCIA, 1841 (centième anniversaire de la fondation de la Société).

Mademoiselle WILLAUMI, 1842.

Madame POTTIER, 1843, 1845.

Mademoiselle MERCIER, 1846.

Madame RABI, 1847.

Mademoiselle GRIMM, 1847, 1848.

Mademoiselle POINSOT, 1848.

Mademoiselle HÉBERT-MASSY, 1849.

Mademoiselle DOBRÉ, 1850.

Mademoiselle HENRI, 1850.

Madame ROULLE, 1851.

Mademoiselle LEFÈVRE, 1851.

Mademoiselle MIOLLAN, plus tard madame Carvalho, 1852.

Mademoiselle RÉVILLY, 1852.

Mademoiselle Casimir NEY, 1853.

Mademoiselle VAVASSEUR, 1853.

Mademoiselle NAU, 1854.

Mademoiselle CINTI-DAMOREAU, 1855.

Mademoiselle THYS, 1856.

Madame STEFFENONE, 1857.

Madame BORGHI-Mamo, 1858.

Madame GAVEAUX-SABATHIER, 1859.

Mademoiselle SAX, 1860.

Vous le voyez, Messieurs, je vous présente un gracieux assemblage de noms. Parmi ceux que je me suis complu à énumérer, il en est beaucoup qui ont conservé, qui conserveront une célébrité justement acquise.

Ici je termine un compte-rendu trop long peut-être eu égard au peu de renseignements qu'il renferme, trop court si l'on songe à ce qu'il aurait dû contenir, trop imparfait dans tous les cas.

Bien que cet écrit ait préalablement obtenu de vous, mes chers Confrères, une flatteuse approbation, il est sans doute loin de réaliser votre attente, et une Revue rétrospective si mêlée d'incertitudes, ne peut, je le reconnais, vous satisfaire qu'en partie; mais, après en avoir apprécié les difficultés, vous avez bien voulu tenir compte de l'intention qui m'avait porté à l'entreprendre. Au moins suis-je assuré d'avoir atteint le but, à la vérité secondaire, que je m'étais proposé: j'aurai saisi l'occasion de manifester une fois encore mon zèle envers une Société à laquelle je suis attaché depuis bien des années par le lien d'une affectueuse reconnaissance.